REMBRANDT

LAURENCE BOST

LES GARDIENS DU GESTE

sur le chantier de

NOTRE-DAME DE PARIS

Gallimard

À mes enfants : Sixtine, Martin et Joséphine
À mon gendre : Grégoire
À mon petit-fils : Joseph

SOMMAIRE

← 1. Notre-Dame n'a pas disparu dans les flammes du bûcher moderne.
Sa silhouette domine toujours la ville.
Elle continue sa veille, aux deux rives de Seine,
sur les hommes couchés à ses pieds.
Les Parisiens – libertins ou croyants – peuvent toujours courir
à leurs affaires sous le commandement de la vieille présence.
Paris compte deux millions d'habitants. Combien d'âmes cela fait-il ?

2. Incendie de 2019 : quel chantier que d'effacer les traces de la modernité !

3. Anatomie inversée
du chantier :
sous le squelette,
le corps de pierre.

4. S'attacher
à ressembler
aux cordistes :
ils se lient à
ce qui se dresse.

5. Donner rend bon.
Conserver rend sage.
Restaurer rend heureux.

6. On enlève
les échafaudages.
L'éternité peut
tenir toute seule.

7. Si le diable est dans les détails, offrons-les au Ciel, le diable s'en ira.

I

FRANZ-OLIVIER GIESBERT
LAURENCE BOST, LA PEINTRE QUI FAIT DU BIEN

•

Pourquoi ne peint-on pas ? Parce qu'on a un rendez-vous, que le bureau nous attend, à moins que ce ne soit un déjeuner avec l'amour de sa vie, ou qu'on croie n'avoir pas le talent qu'il faut. C'est la même chose pour la poésie, le théâtre, la danse, la musique. Sans parler de l'élevage des pivoines ou des poireaux.

Longtemps, Laurence Bost n'a écouté aucune des voix qui se chevauchent dans nos têtes pour nous dire en permanence qu'il y a mieux à faire que ce que l'on a envie de faire. À trente-cinq ans, après des études de droit, elle était femme au foyer avec trois enfants et un mari qui travaillait dans la communication. Elle habitait le 5e arrondissement de Paris, qui n'est pas le pire endroit du monde, il s'en faut.

Vivant dans un milieu catholique « fermé », elle a été, comme elle dit, « éduquée au beau » par ses parents à travers la peinture, la littérature et la musique. Puis les jours ont passé, les mois, les années. Les rails de la vie ont commencé à se rétrécir, fatalement. Jusqu'au jour où elle a eu la révélation. Mais ce n'est pas la Vierge qui lui est apparue dans une grotte, ni même l'archange Gabriel, non : une simple envie d'ailleurs et de changer tout. Le monde, la vie, le reste.

C'est « la mort qui m'a ramenée à la vie », dit-elle souvent. La mort de sa petite sœur Emmanuelle qu'elle a accompagnée jusqu'au bout de sa leucémie. C'est que nos existences commencent vraiment quand on en finit avec la procrastination et que, comme l'a dit l'empereur philosophe Marc Aurèle, on entreprend de « vivre chaque jour comme si c'était le dernier ». Elle a décidé qu'elle serait peintre et elle l'est devenue en moins de temps qu'il ne faut pour le dire.

Rien ne prédisposait Laurence Bost à s'imposer, en quelques années, comme l'une des grandes et merveilleuses artistes de notre époque : c'est une autodidacte. Sa vocation s'est d'abord manifestée par un besoin irrépressible de dessiner et un stage vite fait bien fait chez André Jude, l'arrière-petit-fils du peintre et illustrateur breton Mathurin Méheut (1882-1958), artiste officiel de la Marine nationale. « J'ai trouvé là ce que je cherchais inconsciemment depuis longtemps, dit-elle. Et ma vie personnelle a volé en éclats. »

Sa formation – express – se résume, en plus, à un passage d'un an aux ateliers beaux-arts de la Ville de Paris et, en même temps, dans l'atelier du peintre Christoff Debusschere à Dourdan. Mais à quoi bon évoquer son cursus qui tient sur un ticket de métro ? J'ai toujours soupçonné Laurence Bost d'avoir commencé à peindre dans le ventre de sa mère, d'en être sortie, en 1972, avec un pinceau dans une main, une palette dans l'autre, avant de se mettre au travail devant une nouvelle toile, sitôt posée dans son berceau. Que voulez-vous, elle est née professionnelle. « Dès que je me suis lancée, dit-elle, j'ai pu vivre de ma peinture. »

La regarder travailler est un spectacle qui vaut le détour. Adepte du « en même temps », elle peut, quand elle peint, téléphoner, manger, faire autre chose. Elle est comme le grand Aragon qui, me racontait François Nourissier, était capable d'écrire un article ou un poème en participant activement à une réunion du journal qu'il dirigeait, *Les Lettres françaises*. J'en suis arrivé à me demander si Laurence ne peint pas aussi quand elle dort ou lit un livre. C'est tout à fait le genre.

La vérité est qu'elle peint comme elle vit, en riant ou en gloussant devant la beauté du monde. Vous avez compris que rien n'est plus éloigné d'elle que le monde de Goya, Greco, Picasso ou le Rothko de la fin. Rares sont ses toiles qui inspirent la mélancolie. Ce sont presque toutes des antidépresseurs souvent très colorés, qui ne s'avalent pas mais se regardent. Laurence Bost ou la peintre qui fait du bien. Soit dit en passant, c'est une honte que ses œuvres ne soient pas remboursées par la Sécurité sociale. Que fait le gouvernement ?

Elle peut tout peindre, pourvu que ce soit gai, entraînant, j'allais dire optimiste. Des scènes d'enfants, de goûter, de plage, de farniente ou d'efforts, comme ceux de tous ces métiers qui ont refait Notre-Dame de Paris en 2019 et que célèbre ce volume. Dans le dernier cas, elle nous démontre avec éclat qu'elle est aussi une peintre du mouvement, du *geste* : elle immortalise ainsi les artisans qui, avec leurs matériaux et leurs outils, ont redonné vie à la cathédrale.

Elle est, on ne le répétera jamais assez, le meilleur antidote à notre époque, ses doutes, ses angoisses. Devant ses tableaux, je crois entendre parfois le rire qu'émettent les paysages faussement naïfs de David Hockney, grand artiste – et plaisantin – devant l'Éternel. Même si Rembrandt est son peintre préféré, on peut toujours chercher la tragédie chez Laurence Bost, on ne la trouvera pas, tout va toujours très bien : la charlotte aux fraises ne s'est pas avachie dans son plat ; au contraire, elle se porte comme un charme, tout comme le feu dans la cheminée, les pommiers en fleur ou les figues prêtes à manger.

S'il fallait remonter aux origines, je dirais que Laurence Bost appartient à une longue tradition qui remonte à Chardin (1699-1779). Elle garde un souvenir ému et puissant de sa première rencontre avec ce génie français, avec Georges de La Tour ou Nicolas Poussin, que le grand conservateur et historien de l'art Pierre Rosenberg a su nous faire tant aimer.

Elle raconte cette visite comme un coup de foudre, une renaissance, d'où tout découlera ensuite.

En 1979, sa mère l'avait emmenée à l'exposition « Chardin » pour le bicentenaire de la mort du peintre, au Grand Palais. Laurence avait sept ans. La petite fille fut éblouie à jamais par ce roi des natures mortes et des scènes de genre, que Diderot salue comme un « grand magicien » aux « compositions muettes ». Pour un peu, on pourrait dire que sa vraie vie a commencé ce jour-là, jusqu'à ce que sa vocation explose près de trois décennies plus tard.

Fille de Chardin, Laurence Bost ? Bourreau de travail, l'académicien peignait sans répit les choses de la vie quotidienne : un panier de fraises, des fleurs dans un vase, un melon entamé, des pêches et des prunes. Sans oublier la brioche, la raie, le chat et les poissons, les ustensiles de cuisine, les pipes et le vase à boire. Dans l'album qu'ont consacré les Éditions des Falaises à Laurence Bost, avec une préface de Sylvain Tesson et un texte d'Olivier Frébourg, je retrouve cet état d'esprit dans des peintures qui m'enchantent en transcendant les sujets les plus modestes : ses biscuits, ses bols bleus ou rouges, ses dos de femmes, ses confitures d'oranges, son chien bleu au milieu des citrouilles.

Il y a, bien sûr, d'autres ascendances. Laurence Bost se définit à juste titre comme « une peintre de la lumière » dans le sillage d'Édouard Manet ou Paul Gauguin et de plusieurs peintres de la fin du XIXe ou du début du XXe siècle : les Français Pierre Bonnard ou Édouard Vuillard, le Suédois Anders Zorn ou l'Espagnol Joaquín Sorolla. Sans oublier l'extraordinaire (et trop méconnu) Américain John Singer Sargent qui passa l'essentiel de sa vie en Europe.

Ce fut un choc quand j'ai découvert, il y a longtemps, *Les Filles d'Edward Darley Boit*, lumineux tableau monumental de Sargent daté de 1882, au Museum of Fine Arts de Boston. Pourquoi nous l'avait-on caché ? J'ai éprouvé un choc du même genre, il y a plusieurs années, en découvrant les effets de lumière sur des toiles de Laurence Bost dans une exposition à elle consacrée, place des Vosges à Paris, à la Galerie 26 qui la soutient depuis ses débuts.

Vous voilà prévenus, avec Laurence Bost la vie est toujours belle et c'est tous les jours l'été : les rosiers grimpants sont en fleur, les enfants jouent dans le jardin, la table dressée nous attend sur la plage et les artisans travaillent sans compter à ressusciter les chefs-d'œuvre en péril.

8. « À l'identique » : politesse de l'homme à l'égard du temps.

9. Voûte céleste, voûte gothique. La cathédrale comme cosmos miniature.

10. Faire revenir les choses à soi : conserver est révolutionnaire.

11. À la croisée des transepts, la tension s'annule. Une corolle s'ouvre : l'équilibre.

12. Le spectacle : faire danser la lumière sur les choses.
L'art : l'y faire entrer.

Être conservateur-restaurateur de vitraux, c'est comprendre et prendre soin des œuvres pour les transmettre aux générations futures. Restaurer un objet, c'est lui reconnaître des qualités formelles, une histoire et un usage. Tous les objets conçus par l'homme sont le fait d'une intention. Certains, comme les œuvres d'art, sont, en outre, porteurs d'une signification. Le vitrail est une œuvre d'art qui assure une triple fonction : esthétique, spirituelle et pratique. Il assure l'étanchéité de l'édifice tout en étant « le médium qui transforme la lumière physique en lumière divine ». Le vitrail va filtrer la lumière pour créer l'espace du sacré. À Notre-Dame la lumière a été pensée par Viollet-le-Duc au XIXe siècle, pour créer une lumière scintillante, mais avec un équilibre chromatique neutre, comme dans les vitraux anciens, pour accompagner l'architecture d'une lumière dorée. Réinstaller les vitraux dans le chœur de Notre-Dame après leur restauration, c'est réinstaller le sacré dans la cathédrale !

Flavie Serrière Vincent-Petit,
conservatrice-restauratrice du patrimoine vitrail, artiste et chercheuse

→ **13.** L'œil écoute, la main prie.

Le métier de lustrier est souvent difficile et ingrat, car nous devons travailler suspendus dans les airs sur des pièces où la poussière s'est accumulée pendant des siècles. Mais au moment où nous reposons les lustres, au moment où nous mettons nos ampoules, au moment où tout s'éclaire, nous sommes largement récompensés.

Et, pour la première fois, peut-être avec l'impression et l'émotion très forte de reconstruire et d'écrire une page de l'histoire.

Jean-Louis Maurin,
lustrier

← 14. L'incendie ? Ce fut l'étincelle du renouveau.

Je suis entrée au Mobilier national il y a quarante-deux ans. Je ne regrette pas une seconde mon choix, car ici nous sommes au cœur de l'histoire et nous avons le privilège de restaurer et d'admirer des œuvres prestigieuses de notre patrimoine, qu'il s'agisse de tapis, de tapisseries ou encore de mobilier. Je suis très fière d'avoir eu la charge de la restauration du tapis de chœur de Notre-Dame, car c'est une pièce exceptionnelle en tout point : vingt-cinq mètres de long sur huit de large, une tonne, un velours d'une épaisseur quasi neuve et des coloris encore très vifs. C'est aussi une pièce unique, car c'est le seul tapis de Savonnerie comportant une iconographie religieuse. Sa restauration a débuté en juillet 2022 et doit s'achever en décembre 2024. Lorsqu'elle sera terminée, je pense qu'il me manquera… car lorsque l'on travaille longtemps sur une pièce on a tendance – enfin, c'est mon cas – à s'y attacher. Mon souhait, mon rêve, ainsi que celui de mes collègues de l'atelier de restauration tapis, serait qu'un « musée Notre-Dame » voit le jour, pour que ce magnifique tapis soit exposé comme pièce maîtresse, entouré d'autres œuvres de la cathédrale, et ainsi éviter qu'il soit roulé et caché du grand public… Il mérite vraiment d'être admiré.

Fabienne Wadoux,
rentrayeuse

→ **15.** La foi : un point de croix.

II

ADÉLAÏDE DE CLERMONT-TONNERRE
LE FEU SACRÉ DES BÂTISSEURS

•

15 avril 2019, à 18 h 20, la plus célèbre cathédrale du monde s'embrase. Sous les yeux d'une foule atterrée, sa toiture de plomb dévorée par les flammes se transforme en une rivière de métal puis, lorsque la température dépasse les mille deux cents degrés, elle se vaporise dans l'air. Parachevant le désastre, l'immense flèche s'effondre. Accompagnée dans sa chute par les cris désolés des spectateurs, elle transperce les voûtes de la nef, à la croisée du transept, détruisant le cœur de l'édifice. Pendant près de quinze heures, six cents pompiers luttent contre l'incendie. Une chaîne de solidarité s'organise dans l'urgence pour sauver ce qui peut l'être : le trésor ainsi que l'essentiel des œuvres d'art. Au lendemain d'un combat héroïque, Notre-Dame de Paris, la cathédrale des Français, est en ruine.

Tous ceux qui étaient sur place, tous ceux qui ont pu s'approcher dans les heures suivant le sinistre racontent la consternation, le sentiment d'impuissance et celui d'une perte irrémédiable : la « forêt », cette charpente inouïe faite de mille trois cents chênes ayant défié le temps, n'est plus. Reste un enchevêtrement de poutres calcinées et de métal tordu. La désolation s'est abattue sur la cathédrale. Son orgue, maculé de suie, s'est tu. Ses statues voilées semblent porter le deuil. Ses murs noircis, sa

16. Sept heures quarante du soir, le 15 avril.
Dans la mythologie, il arrive que l'Olympe abandonne les hommes,
déçu de leurs inconséquences. Les dieux se retirent.
Et si le soir de l'incendie, la flèche s'était *retirée*, lassée de nos forfaitures ?

blessure béante, rappellent les destructions et les heures les plus sombres de notre histoire.

Tous racontent aussi les petits miracles : intacte, la Vierge à l'Enfant sculptée au XIVe siècle semble un éclat de pureté et de douceur au milieu des débris. Le maître-autel a été épargné. Les vitraux qui donnent à Notre-Dame sa lumière et ses couleurs sont entièrement obscurcis, mais ils ont tenu. Quant au coq surmontant la flèche que l'on croyait perdu, il est retrouvé dans les décombres au lendemain du sinistre. Ces signes donnent du courage aux premiers médecins du monument qui pénètrent prudemment l'édifice. Un couvreur avoue : « J'avais peur d'entrer dans la cathédrale. J'ai eu un choc, mais j'ai vite compris que son âme était toujours là. » Quelles que soient les convictions et les croyances de chacun, la beauté spirituelle des lieux les saisit.

Ce qui était une tragédie se transforme alors en élan. Un élan unique qui va galvaniser tout le pays. La foi des bâtisseurs ressurgit du fin fond des siècles pour reconnecter Notre-Dame au ciel. Architectes, ingénieurs, historiens de l'art, archéologues, géologues, fins connaisseurs de la pierre, du bois, du métal, campanistes, maîtres verriers, grutiers, spécialistes de l'acoustique ou de l'échafaudage, experts numériques, électriciens, cordistes ou couvreurs : tous se liguent pour soigner Notre-Dame. Des ateliers, auparavant concurrents, se rassemblent et s'unissent dans un même effort. Des corps de métiers qui, d'habitude, se succèdent sans se croiser apprennent à se connaître et à travailler ensemble. Mille artisans vont relever ce défi irréel : faire renaître Notre-Dame de ses cendres, et la faire renaître en cinq ans.

L'élan est là, mais tout est à réinventer. Pour la première fois depuis huit cents ans, ils doivent plonger dans ses entrailles et ses secrets, résoudre l'énigme de sa structure dévastée, réapprendre des gestes oubliés depuis des siècles, retrouver l'héritage, les rêves fous et la modestie des bâtisseurs de Notre-Dame. Les voûtes médiévales sont la priorité, mais par quel prodige ses concepteurs les ont-ils érigées ? Pas un compagnon, pas un architecte n'a cette expérience. Ni en France ni dans le monde. Depuis la Seconde Guerre mondiale et ses bombardements, il y a désormais trois générations, personne n'a eu à se poser ces questions.

Dans cette enquête historique, il faut ausculter l'édifice, réconcilier des forces contraires, retrouver des techniques ancestrales et s'inspirer de croquis médiévaux pour fabriquer des outils qui n'existent plus. Au fil de leurs recherches tous ces artisans ont patiemment reconstruit les liens qui nous attachent à notre passé, un passé ressuscité en plein cœur de Paris, mais qui mobilise tout le territoire. Citons les ferronniers d'art de Dordogne, les maîtres verriers de Troyes, les restaurateurs de peintures de l'Essonne, les charpentiers de l'Eure, les tailleurs de pierre de Rodez, mais aussi ceux qui ont extrait les matières premières... Pas moins de mille trois cents mètres cubes de calcaire dur sont issus de la carrière de la Croix-Huyart, tandis que huit autres carrières de l'Oise et de l'Aisne ont fourni le calcaire tendre. Sans oublier deux mille des plus beaux chênes de France qui ont convergé vers la capitale, dont beaucoup offerts par les propriétaires forestiers, et taillés à la main, encore verts, pour rester fidèles à la structure d'origine. Chaque pièce de bois, unique, est numérotée, marquée du langage secret de la corporation des charpentiers qui, en hommage à ses prédécesseurs, a également reproduit les anciennes marques en demi-cercle gravées il y a huit cents ans. La fierté d'avoir participé à ce projet est palpable. Tout comme la passion de créer et recréer de la beauté ou le bonheur de transmettre aux plus jeunes des métiers qui auraient pu se perdre. Notre-Dame est une occasion unique de passer à la génération d'après ces savoir-faire qu'aucun robot ne pourra égaler, de prouver que nous sommes encore à la hauteur de notre passé. L'un des tailleurs de pierre confie : « C'est une fierté de retrouver, d'une certaine manière, l'esprit du Moyen Âge. D'être capable de faire aussi bien qu'eux. »

En s'attachant à comprendre et égaler les premiers bâtisseurs, un esprit de corps est né. Malgré la multiplicité des métiers, la tension du compte à rebours, le casse-tête inimaginable de la logistique et des emplois du temps, ces hommes et ces femmes ont découvert la joie d'œuvrer ensemble à un but commun. L'un des sculpteurs reconnaît : « Bien sûr il y a eu des moments difficiles, mais je suis très admiratif du travail du général Georgelin qui a magnifiquement organisé ce chantier. C'était une mécanique complexe qui a été très bien pensée. Quand je pense que nous sommes presque en avance sur les délais ! C'est extraordinaire. Le monde entier nous admire pour cela. » Au-delà de l'organisation, un lien plus secret, plus intangible s'est noué. « Il y a quelque chose d'universel dans Notre-Dame. On ne peut réduire ce travail à la matière. Ni cet édifice à un empilement de pierres, de bois et de métal. Derrière chaque objet, il y a une main, une vie, un esprit. À Notre-Dame, nous connaissons les visages de ceux qui l'ont reconstruite. Le choix de l'architecte a permis de garder cette dimension humaine. »

Laurence Bost, dans ses œuvres, a capturé cet enjeu. Ce qui frappe, c'est l'intensité des regards, l'attention entière, la pensée que chaque artisan insuffle à son travail et aux objets qu'il crée ou restaure. Les membres en extension marquent l'effort, les dos se courbent, les silhouettes cherchent l'équilibre en plein ciel. Dans d'autres tableaux, les gestes sont retenus, précis, minutieux. Un dialogue se noue entre l'œuvre et celui qui la guérit. L'éclat blanc dans l'œil d'un forgeron d'art au chevet d'une gargouille, le visage concentré d'une vitrailliste face à un panneau de verres colorés, la caresse presque maternelle d'une restauratrice sur la joue d'un saint de bois. L'artiste saisit aussi des moments de vie de ce chantier hors norme : un échafaudeur, beau comme un Roi mage, qui porte sur son casque la couronne de la galette des Rois, le plus jeune des charpentiers installant, avec son aîné, le bouquet traditionnel célébrant la fin de leur travail ou le sourire satisfait du général Georgelin qui rayonne sur le fond bleuté d'une rosace, les deux mains posées sur une rambarde d'échafaudage. Dans les œuvres de Laurence la lumière se pose sur chacun d'entre eux, comme l'aura de saints menant une mission qui dépasse l'individualité. Sa peinture rend visible le secret de l'artisan, sa capacité à unir le corps et l'esprit dans une tâche qui vise le beau, le juste, avec le même engagement qui présida aux temps anciens. Si le chantier a été mené de façon laïque, si bien des religions ont travaillé à cette reconstruction, certains, comme le sculpteur Philippe Giraud, ont souhaité, dans l'intimité de leur cœur, dire chaque matin la très belle « prière de l'artisan » :

« Apprends-moi, Seigneur, à bien user du temps que tu me donnes pour travailler, à bien l'employer sans rien en perdre. Apprends-moi à tirer profit des erreurs passées sans tomber dans le scrupule qui ronge. Apprends-moi à prévoir le plan sans me tourmenter, à imaginer l'œuvre sans me désoler si elle jaillit autrement. Apprends-moi à unir la hâte et la lenteur, la sérénité et la ferveur, le zèle et la paix. Aide-moi au départ de l'ouvrage, là où je suis le plus faible. Aide-moi au cœur du labeur à tenir serré le fil de l'attention. Et surtout comble toi-même les vides de mon œuvre, Seigneur. Dans tout le labeur de mes mains laisse une grâce de toi pour parler aux autres et un défaut de moi pour me parler à moi-même. Garde en moi l'espérance de la perfection, sans quoi je perdrais cœur. Garde-moi dans l'impuissance de la perfection, sans quoi je me perdrais d'orgueil. Purifie mon regard : quand je fais mal, il n'est pas sûr que ce soit mal, et quand je fais bien, il n'est pas sûr que ce soit bien. Seigneur, ne me laisse jamais oublier que tout savoir est vain sauf là où il y a du travail, et que tout travail est vide sauf là où il y a amour, et que tout amour est creux qui ne me lie à moi-même et aux autres et à toi, Seigneur ! Enseigne-moi à prier avec mes mains, mes bras et toutes mes forces. Rappelle-moi que l'ouvrage de mes mains t'appartient et qu'il m'appartient de te le rendre en le donnant ; que si je le fais par goût du profit, comme un fruit oublié je pourrirai à l'automne ; que si je le fais pour plaire aux autres comme la fleur de l'herbe je fanerai au soir ; mais si je le fais pour l'amour du bien, je demeurerai dans le bien ; et le temps de faire bien et à ta gloire, c'est tout de suite. Amen. »

La légende veut que cette prière remonte au XIIᵉ siècle… Probablement d'origine anglaise, écrite par des moines copistes, elle synthétise la philosophie, d'une impressionnante subtilité, qui animait les créateurs d'antan. Elle semble pourtant parler des artisans d'aujourd'hui. Ensemble, ils ont retrouvé l'art de créer, avec les matériaux, de l'immatérialité. Ils ont rendu à la cathédrale son essor miraculeux et capturé la lumière dans ses vitraux. Ils ont fait vibrer le bois, le métal, la pierre. Ils ont fait surgir l'harmonie et au-delà de l'harmonie, le sentiment d'une présence supérieure. Ils ont insufflé, par le génie du geste et de la pensée, une âme et, ce faisant, ils nous ont rendu Notre-Dame. À nouveau, immuable, rassurante, elle touche pour nous le ciel de sa flèche tendue vers l'idéal. À nouveau, elle est pour tous ceux qui la regardent ce lien entre le passé et l'avenir, notre condition d'homme et le divin.

17. Dans les arbres, il y a la poutre en puissance. Dans la forêt, une charpente. Et dans les hommes sous les arbres, de futurs fidèles. D'une voûte, l'autre. Ainsi des vérités qui dorment dans les choses. Ainsi des êtres qui savent reconnaître ce qui sera dans ce qui est. Parfois il y a des regards au fond des yeux et même une âme chez certains hommes !

18. Philosophie de l'outil :
« Sois sage ô, ma doloire. »

19. Charpentier mène à tout.
L'un d'eux, il y a longtemps, fut même le père du Fils de Dieu.

Lorsqu'une charpente est achevée, les charpentiers ont la très belle tradition de poser un bouquet sur le faîtage. Composé de branches de la même essence que le bois utilisé pour construire la charpente, le bouquet est notre façon de remercier les arbres qui ont donné leur vie pour qu'on puisse bâtir. Le 8 mars 2024, on a posé un bouquet au sommet de la nef de Notre-Dame de Paris, pour la première fois depuis 1220.

C'était pour moi le point culminant d'une aventure qui avait commencé deux ans auparavant, quand Loïc Desmonts m'a proposé d'emménager en France pour participer à l'équarrissage et à la taille de la charpente de la nef, au sein de ses ateliers en Normandie. Je suis un charpentier américain, et je travaillais alors à mon compte dans le Massachusetts. Sans hésitation, j'ai vidé mon atelier, cédé mes baux, et tout plaqué pour venir en France.

Parfois, dans la vie, une porte s'ouvre, et en franchissant le seuil on se retrouve dans un autre monde. Le chantier de Notre-Dame de Paris a été une expérience d'une richesse au-delà de tout mot, d'un point de vue technique, historique et surtout humain. Paris a retrouvé sa belle ligne d'horizon, et nous avons retrouvé une famille.

Hank Silver,
charpentier

20. L'équilibre sans la force : l'acrobatie.
La force sans l'équilibre : la brutalité.
La force équilibrée : la charpente.

Hommes du bois et des matins frais,
hommes de la hache et de la doloire,
géants tranquilles que l'odeur du chêne envoûte.
Le cœur au soleil, l'œil à l'astre lunaire,
ô alchimistes du geste !
En vous suivant, j'ai suivi les fibres et cheminé
le long de lignes de force et de faiblesse.
À travers vous, j'ai vu l'arbre sous le ciel,
et ses branches, et ses nœuds.
Quelles autres richesses nous promettent les vibrations
du bois sous l'outil ?
Vos mains en sont les gardiennes, épaisses et humbles.

Joseph Brihiez,
apprenti charpentier

21. Équation gothique : arc brisé, tension résorbée, poussée qui s'élève.

Alors que je commençais à peine à apprendre la charpente, j'ai eu la très grande chance de croiser le chemin de Rémy et Loïc Desmonts. Parallèlement à la découverte, en centre de formation, de l'art du trait, de la résistance du matériau bois ou encore de l'usage des machines, je m'immergeais à leurs côtés dans une approche beaucoup plus sensible. Du choix des arbres en forêt au levage de charpentes à la corde, chaque étape du métier est réalisée dans le respect des écosystèmes, du bois, du bâti et des personnes. Équarrir à la hache et tailler les assemblages d'un chêne que j'ai moi-même sélectionné est une fête des sens chargée de signification. Le chantier de Notre-Dame m'a permis de décupler cette expérience à une nouvelle échelle lors d'une année extraordinaire. Ses quatre saisons se sont succédé à une vitesse incroyable : l'approvisionnement bois à l'automne, l'équarrissage durant l'hiver, la taille au cours du printemps et enfin le levage à blanc en été. Ma plus grande joie a été de partager cette parenthèse de vie avec une équipe de charpentiers venus, pour l'occasion, de multiples horizons.

Lou Karoui,
apprentie charpentière

22. Liturgie de l'artisanat d'art : je taille le présent pour que les lendemains se souviennent d'hier.

23. Orner n'est pas une perte de temps mais une révérence à l'espace.

24. Le face à face de la sainteté avec la beauté.

25. Le geste comme prière : pas de fumée sans foi.

La splendeur retrouvée de Notre-Dame de Paris permet au public de prendre conscience du travail colossal réalisé par les gens de métier, mobilisés en urgence pour sa restauration. Comme on le fait depuis des siècles, des millions de regards et de mains vont scruter chaque marque d'outil, pour communier avec les bâtisseurs de cathédrales. Et la marque de l'outil, c'est elle qui permet d'écrire l'histoire et de la restituer le moment venu.

Il existe un univers discret qui laisse une marque discrète mais d'importance dans la restauration de cet édifice : la taillanderie. Dimitri, Jérémy, Cécile, Simon et Martin, cinq jeunes forgerons et forgeronnes maîtrisant l'art de fabriquer des outils à la main, ont signé les haches qui réécrivent l'histoire de la charpente du chœur et de la nef.

Soumia Luquet,
taillandière

→ **26.** Prométhée vola le feu. Il fut donné aux hommes.
Il est parfois rendu à Dieu.

27. « Le changement c'est maintenant » : parole d'incendiaire.
« Ne prétendons pas changer la nature des choses » : parole de sage (Épictète).

28. « Un pur esprit s'accroît sous l'écorce des pierres ! » (Gérard de Nerval).

29. Dans les pensées de Pascal : « L'homme n'est ni ange ni bête, et le malheur veut que qui veut faire l'ange fait la bête. » Sur le chantier de Notre-Dame : qui sculpte la chimère sert Dieu, qui restaure l'ange grandit l'homme.

30. Plus près du toit, mon Dieu.

III

SYLVAIN TESSON
LES MAINS ORANTES

•

« Et l'atelier était un oratoire. »
Charles Péguy, *L'Argent*.

Dans les tableaux de Laurence Bost représentant les différents corps d'artisans à l'œuvre sur le chantier de reconstruction de Notre-Dame, un même détail frappe l'œil.

Tous ces tailleurs de pierre et tous ces charpentiers, tous ces maîtres verriers et tous ces compagnons (j'aimerais continuer à scander la litanie comme le fait Charles Péguy au début du poème *Ève* : « Et tous ces filateurs et toutes ces fileuses / [...] Et ces beaux arpenteurs parmi ces ravaudeuses »), tous ces artisans donc, cordistes, sculpteurs et ferronniers, semblent accueillir sur leur visage la même expression de recueillement, un semblable rayonnement d'attention, de sérieux – aux limites, parfois, de la douleur.

L'atelier comme oratoire

Ils sont penchés sur leur grand œuvre – l'un c'est une poutre, l'autre un vitrail, le troisième une feuille de plomb. Ils opèrent avec soin. Leur concentration touche à une forme de dévotion. En découvrant ces tableaux, j'ai aussitôt pensé « ils sont en train de prier ». Puis je m'en suis voulu de le penser, je me suis dit que c'était une idée trop rapide, floue, infantile, romantique – vague, en somme.

De surcroît, elle risquait de trahir ceux qui accomplissaient leur tâche dans le pur cadre de la technique et du devoir professionnel. Après tout, peut-être que la plupart ne chargent pas leur geste de la moindre signification spirituelle ?

Mais entre le moment où Laurence Bost m'a présenté ses peintures et le moment où j'écris ces lignes, j'ai relu *L'Argent* de Péguy (dans l'édition des *Œuvres en prose complètes* de la Pléiade). Soudain, cette phrase : « J'ai vu toute mon enfance rempailler les chaises exactement du même esprit et du même cœur, et de la même main, que ce même peuple avait taillé ses cathédrales. [...] Ils disaient en riant, et pour embêter les curés que *travailler c'est prier*, et ils ne croyaient pas si bien dire. Tant leur travail était une prière. »

Voilà que Péguy confirmait ma première impression. Il faut se méfier du premier mouvement car il est souvent juste ! Oui, il y a de l'oraison dans la tendresse concentrée du regard des artisans de ce livre. Il y a l'amour dans le soin porté à la tâche. Il y a le don de soi dans le désir d'excellence.

Regardons les portraits de l'ouvrage. Les artisans sont à l'œuvre, rassemblés au chevet de Notre-Dame. Ils travaillent. Tournez doucement les pages, il ne faut pas les déranger. Le monde semble s'être annulé pour eux. Ils s'absorbent à ce point que le lecteur se sent de trop, coupable de regarder, comme s'il dérangeait l'intimité du créateur avec son sujet. On ne voudrait pas briser le silence, ni la conversation que les sujets tiennent peut-être avec eux-mêmes, peut-être avec l'invisible.

Le chantier comme icône

Lors de mes voyages dans la Russie des steppes et des taïgas, on m'a raconté que les artistes qui écrivent les icônes (si l'on veut être précis, on dit *écrire* une icône et non pas *peindre* une icône) se trouvent plongés en état de prière. Autrement dit, au fur et à mesure que le pinceau pose ses touches d'or sur la planche de bois, il se passe autre chose qu'une simple opération d'artisanat. Une parole descend du ciel, se substantialise dans le pigment ou bien monte de l'âme, se mêle aux préparations de couleur et se déploie sur le bois. L'œuvre s'épaissit d'une grâce, d'une gravité. Alors, l'impalpable présence, traduite en à-plats de couleur et en cernes minutieux, continuera à rayonner dans la pénombre de l'église, somme de l'attention, de la récollection, des efforts et des pensées de l'artiste. Mais aussi de sa piété. L'icône est une prière fixée et continuée. Transposons ce principe de la charge numineuse aux réalisations des ouvriers de Notre-Dame. Le chantier devient l'oratoire. C'est cela que j'ai vu dans les tableaux de ce livre et qui, je l'espère, sautera aux yeux des lecteurs.

Le 15 avril 2019, la cathédrale flambe. À cause de la vigueur cauchemardesque des flammes, à cause des visions sublimes de cette soirée digne des gravures de Gustave Doré, à cause de la bestialité de l'incendie qui s'en prend à un monument phare de la chrétienté dans une époque où la chrétienté recule, à cause du sauvetage héroïque, à cause du double réveil de la ferveur privée et de l'élan public, à cause du fait que la mythologie, la poésie et la foi s'invitent dans le fait divers, à cause de tout cela, l'événement devient symbolique. Le siècle matérialiste comprend soudain qu'il ne peut se passer de ce qu'il méprise.

L'affaire patrimoniale devient une affaire d'État (ce qui n'est pas un cadeau) puis une affaire nationale, une affaire du peuple et finalement une affaire du siècle. Par voie de conséquence le chantier de reconstruction ne peut plus être considéré comme une simple opération de restauration technique. C'est là où il devient une icône.

Le geste comme prière

On connaît la belle expression philosophique de « l'intelligence de la main ». Aux abstractions intellectuelles, la main oppose la raison pratique, fécondée par l'expérience sensible, le travail manuel, « la réalité rugueuse » (Rimbaud). En d'autres termes, comme le dit Matthew Crawford dans son remarquable *Éloge du carburateur* : il y a plus d'intelligence dans l'atelier où des mécaniciens tentent de réparer un moteur qu'autour d'une table où des technocrates vendent des choses inutiles à des gens qui n'en ont pas besoin. Il y a dans le geste manuel une somme d'enseignements. Avec le langage, la main fonde l'identité de l'homme, prolonge sa pensée, donne corps à l'idée. Grâce à la main le premier homme a fait savoir au monde qu'il était son maître. Autant de pistes pour réfléchir à la nécessaire réconciliation de l'esprit et de la technique. Mais on néglige un peu vite de dire que si la main peut exprimer toutes ces subtiles orientations de l'intelligence elle peut également manifester les aspirations de l'âme.

Creusons la question : en quoi le geste s'apparente-t-il formellement à la prière ?

Quand l'artisan (de Sibérie ou du chantier de Notre-Dame) se penche sur son problème (c'est-à-dire sur son établi), il travaille dans le silence, la solitude et la longue durée, conditions de l'état d'oraison. Silence, on crée ! Si la Société-du-bruit-de-fond-permanent impose une dégoulinade de musique d'ambiance c'est bien parce qu'elle n'a pas besoin des moines, des artisans, des contemplateurs.

L'artisan d'art s'efface devant son œuvre. L'artiste, lui, la signe. L'un contribue, l'autre s'attribue. L'ouvrier d'art accepte l'anonymat. Toutes les pièces ouvragées ne seront pas exposées en pleine lumière. Certaines – qui ont nécessité des années de travail –, aucun regard ne les verra ! Elles sont une partie du *Tout*, destinée à l'édifice général et non à l'admiration particulière. Parfois, le compagnon verra s'engloutir dans la cathédrale un élément auquel il a consacré son temps, son être, sa sueur et ses pensées. Péguy conclut : « Toute partie, dans la chaise, qui ne se voyait pas, était exactement aussi parfaitement faite que ce qu'on voyait. C'est le principe même des cathédrales. » C'est aussi une définition de la prière (chrétienne, du moins) : s'adresser seul et en silence à ce qu'on ne voit pas.

Penser qu'on ne connaît même pas le nom de l'architecte principal de Notre-Dame est révélateur de notre temps !

Demain, quand nous irons à Notre-Dame, nous ne saurons pas le nom des artisans qui ont édifié les tourelles, replanté la flèche, couvert le toit, agencé les solives et sculpté les chimères. L'artiste veut la postérité. L'artisan d'art se contente de l'éternité.

Enfin, l'artiste cherche à inventer une forme et à renverser le canon de ses prédécesseurs (c'est le prurit narcissique et obligatoire de la *sécession*). L'artisan, lui, hérite d'une technique, s'y est formé, la réplique, travaille à la transmettre. L'artisan s'inscrit dans le temps. L'artiste, lui, inscrit son nom dans son temps. Ce n'est pas la même chose.

L'artisan redonne forme à ce qui était et que les flammes, l'impéritie ou le temps ont emporté. Il *restaure*. Il n'a pas l'arrogance d'édifier sur les cendres son propre monument personnel. Il n'a pas la vulgarité de se livrer à un « geste contemporain ». L'incendie s'en est déjà chargé, du geste contemporain ! C'est le chiendent qui pousse le premier sur le brûlis.

Pour ces raisons : silence, solitude, sertissage dans la fluctuation du temps, répétition des formes établies, effacement de soi devant ce qui est supérieur à soi, le geste de l'artisan s'apparente à la prière. La prière ne prétend rien inventer, elle reproduit l'écho de la même vibration.

Le son rebondit dans la voûte.

L'analogie entre la prière et l'ouvrage ne me semble pas aberrante. On pourra rétorquer : à qui s'adresse la prière ? À quel dieu ? Je me garderai de chercher à savoir qui est le récipiendaire des murmures. Je serais incapable de dire à qui parlent cette ravaudeuse, ce maître ferronnier, ce couvreur suspendu à la faîtière. Je constate seulement qu'ils n'œuvrent pas pour leur gloriole.

Je m'intéresse à l'état d'oraison plus qu'à la destination de l'oraison.

Voilà près de cinq ans que les mains de Notre-Dame œuvrent à panser la cathédrale.

Ce sont des mains orantes.

31. Poids et mesure :
la pesanteur et la grâce.

32. La flèche va au ciel.
La pierre vient du sol.
Entre les deux, l'homme.
Au-dessus de lui, le signe.

33. Sur cette pierre sera bâtie l'église.

34. Le gigantisme du chantier est la somme des gestes les plus minutieux.
→ **35.** L'intelligence de la main : faire dire à la matière qu'elle vaut mieux que le réel.

Hu… main
Qu’est-ce que l’humain sans la main ?
Hu…, hue !! Une bête de somme !
Hue, et en avant avec des œillères pour travailler
au service de machines de toutes espèces.
Depuis le XIXe siècle et son ère industrielle, chaque
invention au bénéfice de la production en usine
a généré la perte d’un savoir-faire manuel.
Nombre de pratiques artisanales ont ainsi disparu,
précieux héritages issus d’une transmission
de tant de générations d’artisans.
Il est encore quelques métiers qui résistent,
tels des îlots face à la marée montante de nos progrès
technologiques. Nous, tailleurs de pierre et sculpteurs,
nous mobilisons aujourd’hui face à la dépossession
de notre art que génère le travail de la pierre par les robots.
L’un des premiers gestes de l’homme fut celui du tailleur
de pierre quand il façonnait le silex – seule matière
accessible avant l’âge du fer – pour réaliser les outils
tranchants nécessaires à sa survie. La réalisation d’une
pointe de flèche en silex parfaitement symétrique nécessitait
les mêmes concentration, précision et attention appliquées
au geste que celles des sculpteurs de l’Antiquité ou du temps
des cathédrales. Depuis la préhistoire, se sont ainsi transmis
pour évoluer ces précieux savoir-faire qui ont donné au
granit, au grès ou au calcaire les multiples formes imaginées
à travers tous les styles de l’histoire de l’architecture.
L’incendie de notre cathédrale a mis en lumière l’universalité
de ce monument auquel l’humanité entière a exprimé
son attachement. Non seulement en France mais bien
au-delà, le chantier de Notre-Dame de Paris a permis une
réelle prise de conscience : les trésors matériels que sont
nos monuments historiques dépendent d’un autre trésor,
immatériel, celui des savoir-faire millénaires des bâtisseurs.
Notre-Dame renaît de ses cendres. Les artisans qui
redonnent vie à ses sculptures, ses voûtes et sa charpente
s’inscrivent dans la longue lignée des gardiens du geste.
Et si notre prochain défi était la sauvegarde de ces gestes ?

Philippe Giraud,
sculpteur sur pierre

36. La cathédrale gothique : un jardin sans la chute.

37. Il n'y aura pas de « geste contemporain ». Il a déjà eu lieu : l'incendie.

38. Il suffisait d'enlever
ce qui était autour
de la bête dans
le bloc de calcaire.

39. Le Verbe s'est fait chair. Le rêve s'est fait pierre.

IV

BERTRAND VERGELY
NOTRE-DAME 2024. L'ATELIER DU MONDE

•

Un soir d'avril 2019, la rédaction d'un site d'actualités auquel il m'arrive de participer m'a appelé. « Notre-Dame est en train de brûler. Voulez-vous nous écrire un texte ? » Comme j'habite non loin, je me suis rendu sur place et, de la fontaine Saint-Michel, j'ai vu un immense panache de fumée s'échapper entre les deux grandes tours de la cathédrale. J'ai vu aussi la foule qui était là, une foule venue du monde entier, atterrée, dévastée par le drame qui était en train de se dérouler. À l'époque, quand j'ai pris la plume pour écrire, deux mots m'étaient venus : « ancestral » et « Paris, capitale du monde ». En éprouvant le besoin de parler de l'ancestral, sans le savoir, j'avais repris les mots mêmes de Fulcanelli, le mystérieux alchimiste, auteur du *Mystère des cathédrales* paru en 1926, qui, parlant de Notre-Dame, avait écrit qu'elle est « la gardienne séculaire d'un patrimoine ancestral* ». Singulière transmission de pensée ! Il s'agissait alors d'expliquer que le drame qui s'était abattu sur la cathédrale concernait le monde entier parce que celle-ci venait de loin. En janvier 2024, de façon inattendue, il m'a été demandé d'écrire à nouveau sur Notre-Dame. Le contexte était autre. Il n'était plus question de commenter l'incendie de la cathédrale. Bientôt, sa restauration allait s'achever. Elle allait être magnifique. Elle ne devait cependant pas faire oublier ses artisans. Il y avait eu un but, mais il y avait eu aussi un chemin. Le but réalisé ne devait pas occulter le chemin qui y avait mené. Des hommes et des femmes avaient travaillé pendant

* Fulcanelli, *Le Mystère des cathédrales et l'Interprétation ésotérique des symboles hermétiques du grand œuvre*, Albin Michel, 2015, p. 21.

cinq ans en faisant vivre non seulement un savoir mais une sagesse. Il fallait qu'on en conserve les traces. La restauration de Notre-Dame était invitée à aller plus loin qu'une simple restauration. Il fallait le dire.

Bâtir

Vue de l'extérieur avec sa façade, ses portails, sa rosace, ses tours, ses niches, ses galeries et sa plateforme, Notre-Dame est un édifice architectural qui a été construit au XIe siècle pour des raisons politiques afin d'asseoir le pouvoir royal en s'appuyant sur la religion. En vérité, elle est une cathédrale intérieure qui se bâtit en permanence depuis dix siècles à travers les trois cathédrales qui la constituent, celle humaine du souffle créateur, celle divine de l'être et celle romantique du fantastique.

Notre-Dame est d'abord un souffle humain. Au XIe siècle, quand elle voit le jour, elle a pour sens de célébrer le renouveau qui est en train de s'opérer. Avec l'an mil et les invasions barbares, l'Europe a eu peur de disparaître. Elle a survécu. Il faut célébrer ce miracle. Le Moyen Âge va s'y employer en faisant de la cathédrale une célébration permanente. D'où l'apparition, comme l'écrit Fulcanelli, de Notre-Dame comme « cité dans la cité, noyau intellectuel et moral, cœur de l'activité publique, apothéose de la pensée, du savoir et de l'art... qui s'accrochent aux clochers, aux pinacles et aux arcs-boutants en se suspendant à ses voussures, en peuplant ses niches, en transformant ses vitres en gemmes précieuses et l'airain en vibrations avant de s'épanouir sur les portails* ». Depuis dix siècles, regarder Notre-Dame, c'est assister à une grande célébration faite pierre. C'est aussi rencontrer Paris et le peuple. Dans *Notre-Dame de Paris*, Victor Hugo raconte qu'un jour il a fait l'expérience d'entendre toutes les cloches de la capitale se mettre à sonner en même temps. Il a senti alors vivre le souffle joyeux, doré, éblouissant, prodigieux d'une « symphonie qui fait le bruit d'une tempête* ». Notre-Dame est Paris et le peuple devenus cathédrale

* *Ibid.*, p. 21.

* Victor Hugo, *Notre-Dame de Paris*, Gallimard, « Bibliothèque de la Pléiade », 1975, p. 138.

parce qu'elle est l'« œuvre colossale d'un homme et d'un peuple [...] ; produit prodigieux de la cotisation de toutes les forces d'une époque, où sur chaque pierre, on voit saillir en cent façons la fantaisie de l'ouvrier disciplinée par le génie de l'artiste ; sorte de création humaine [...] puissante et féconde comme la création divine dont elle semble avoir dérobé le double caractère : variété, éternité* ».

* *Ibid.*, *p.* 107.

Notre-Dame, qui incarne le souffle de l'humain, incarne par ailleurs le souffle du divin. Par lui, il faut entendre la plénitude de la vie. S'il y a l'être ou présence infinie qui englobe tout et l'existence concrète ici-bas, il y a leur rencontre fulgurante. Quand elle se réalise, elle donne la beauté, cette harmonie inouïe entre le visible et l'invisible, le concret et l'immense, l'existence et l'être. Le Christ, ou Dieu fait homme, en est le principe. Dans la nature, cette harmonie donne la correspondance visionnaire entre le macrocosme et le microcosme faisant de la nature la parure des dieux ou *cosmos*, comme le disaient les Anciens. Dans la pensée, elle donne cette autre correspondance visionnaire qu'est le symbole qui transporte l'esprit du visible vers l'invisible par le biais de l'image reflétant un sens et du sens reflétant une image. Dans la vie spirituelle, elle donne l'expérience de la cathèdre. Désignant primitivement le siège de l'évêque, ce médiateur entre le Christ et l'histoire humaine, celle-ci renvoie en profondeur à ce qui se passe quand on fait l'expérience du quatre. Il s'agit d'un passage à la limite faisant du carré fini un cercle infini en levant le voile qui recouvre l'énigme de la quadrature du cercle. En étant statiquement dans le quatre désignant les quatre points cardinaux, on est dans l'espace. En en faisant dynamiquement le tour, on passe du carré au cercle et de l'espace à l'infini. En ayant statiquement affaire aux quatre éléments que sont l'eau, la terre, l'air et le feu, on est dans la matière. En les vivant dynamiquement, on est dans l'âme, ce cinquième élément, cette quintessence donnant de la vie à tout. En vivant statiquement Dieu, on en fait une puissance autoritaire. En le vivant dynamiquement, devenant le tétragramme hébreu YHVH signifiant « Je suis », on le voit se révéler comme personne infinie proprement vertigineuse. Dans l'Évangile, le quatre donne les quatre apôtres symbolisés par le lion, le taureau, l'aigle et l'ange. Dans l'Apocalypse, il donne les quatre vivants. Comme édifice, la cathédrale est la synthèse de toutes ces expériences tant extérieures et spatiales que symboliques et intérieures. En la vivant statiquement, on la cantonne dans la catégorie des monuments. En la vivant dynamiquement, elle cesse d'être un monument pour devenir le glorieux croisement dans l'espace entre le vertical symbolisant le ciel et l'horizontal symbolisant la terre. Dans la cathédrale, cela donne le croisement entre la voûte symbolisant le ciel, le sol symbolisant la terre et la nef symbolisant la relation ciel-terre qui va, comme un vaisseau, de la terre vers le ciel et du ciel vers la terre. On croit que la cathédrale est une chose et la personne une autre. Quand on les vit, elle est une personne. D'où le sentiment qu'en pénétrant en elle, on pénètre dans son âme. Chaque fois que je suis entré dans Notre-Dame j'en ai fait l'expérience. Immense en apparence, elle s'est toujours révélée comme intimité infinie faisant exister intensément.

Enfin, Notre-Dame est un souffle romantique et poétique fantastique. Ce souffle est la résultante d'une histoire politique qui va au-delà du politique. Si, du XIe au XVe siècle, elle est marquée par la puissance papale imposant au roi un pouvoir théocratique, si à partir du XVe siècle elle est marquée à l'inverse par la puissance royale s'imposant au pape à travers le gallicanisme, au XIXe siècle, à travers le romantisme, la modernité met tout le monde d'accord en renvoyant dos à dos puissance papale et puissance royale. L'heure est au changement. Il s'agit de faire du nouveau. Notre-Dame en est l'occasion en mettant le nouveau au service de l'ancien afin que l'ancien se mette au service du nouveau. Architecturalement, Viollet-le-Duc est le maître d'œuvre de ce défi. Spirituellement, Victor Hugo en est le poète. On peut découvrir la transcendance qui emmène au-delà dans la lumière. On peut aussi la découvrir dans la nuit. Au XIXe siècle, alors que la transcendance s'appelle progrès, passant de la lumière divine aux lumières humaines, le romantisme invente la transcendance comme plongée dans la profondeur ténébreuse des mondes souterrains. Tandis que le rationalisme pense à se trouver en allant de l'obscurité à la lumière, le romantisme pense à se perdre en allant de la lumière à l'obscurité. Alors que, pour la raison, l'imagination enferme dans le fantasme, pour le romantisme elle s'ouvre sur le fantastique. Le Moyen Âge avait inventé une synthèse entre le spirituel et le matériel à travers la relation entre Rome et le christianisme symbolisée par la chevalerie et le chevalier, ce moine-soldat. Le romantisme va réinventer cette synthèse à travers la relation entre le Moyen Âge et la modernité, le poète devenant une nouvelle chevalerie en plongeant dans l'inconscient afin d'en faire le Graal d'une aventure visionnaire. Une nouvelle science se révélant nécessaire, il va l'inventer en recourant à l'alchimie, cette science des extrêmes, capable de transformer le plomb en or grâce au soufre. Transfigurée par les énergies de la nuit libérées par cette science, Notre-Dame, qui était une cathédrale théologique, va devenir une demeure philosophale créant des hiéroglyphes sacrés à partir d'un savoir hermétique. Au monde des anges va ainsi succéder un bestiaire fantastique peuplé, comme le dit Fulcanelli, de « chimères hérissées, de grotesques, de marmousets, de mascarons, de gargouilles menaçantes, de dragons, de stryges et de tarasques* » décorant désormais la cathédrale.

* Fulcanelli, *Le Mystère des cathédrales*, *op. cit.*, p. 21.

Les trois souffles qui ont inspiré Notre-Dame, le souffle humain, le souffle divin et le souffle romantique, ont créé son étonnante capacité de se bâtir en permanence afin que nous fassions de même. Ceux et celles qui l'ont restaurée l'ont compris. C'est la raison pour laquelle ils ont réussi à la restaurer. Ceux qui ont su regarder cette restauration l'ont compris également. Ce qui les a poussés à vouloir transmettre et peindre.

Transmettre

La vie créatrice est faite par le souffle humain qui construit, par le souffle divin qui inspire et par le souffle romantique et poétique qui imagine. Elle est faite toutefois aussi par ce qui fait le quotidien dans sa douceur : le charme, le geste et le partage. Notre-Dame est un charme et pas simplement un symbole de la puissance divine ou humaine. Le long d'un quai de Seine entre des bouquinistes, soudain le surgissement de sa façade inventée pour traverser les siècles. Et le rappel, à l'occasion de cette irruption de la grandeur dans la flânerie insouciante d'un jour, que nous sommes faits pour l'éternité. Tout est fait pour l'éternité, ce génie de la vie qui ne cesse jamais. S'il y a le fait de contempler la cathédrale en étant saisi par elle, il y a celui de l'apercevoir en étant surpris par elle. Charme de l'instant au cours duquel on voit parce que l'on voit que l'on voit en se laissant voir par ce qui se donne à voir. Autre charme. Le soir, vu du quai Saint-Michel, le chevet de la cathédrale veillant dans la nuit comme un cierge allumé dans la pénombre d'une chapelle solitaire. Et le sentiment que, dans l'invisible, nous sommes protégés. Non seulement notre être nous est donné, mais il est confirmé. Nous nous inquiétons. Notre-Dame est là pour que, sentant que nous sommes protégés par un féminin immense à la fois maternel et secret, nous sentions que non seulement la dame infinie existe, mais qu'elle est nôtre.

Si la cathédrale est un charme, elle est aussi un geste. La technique a une mauvaise image. Elle est assimilée à un asservissement. Elle est au contraire une libération qui apparaît quand, dans le faire, surgit un savoir qui en fait un savoir-faire. Tout entière dans la manière, elle n'est plus alors qu'un geste élevant l'action à la hauteur d'une liberté. On s'ouvre à celle-ci en se redressant afin de libérer la face et la main, la face pour donner un visage à la vie et la main pour lui donner des mains. Issue de la station debout, et avec elle de la verticalité, la technique est un état intérieur grâce à un visage doté de mains et à des mains dotées d'un visage. Dès son apparition, Notre-Dame a été un grand geste. Depuis, continuellement restaurée, elle n'a jamais cessé de l'être. En étant un tel geste, elle n'a jamais cessé d'être la cathédrale en train de se faire. À l'image de l'atelier, ce lieu où tout est en train de se faire, elle a été un atelier permanent. Le monde qui ne cesse de se faire est un tel atelier. En 2019, en devenant l'atelier par excellence, Notre-Dame est devenue l'atelier du monde. On s'en est rendu compte à la suite du 15 avril lorsque des échafaudages avec leurs bâches sont venus la recouvrir partiellement en devenant, la nuit, avec leurs lumières, les éléments d'une étrange raffinerie œuvrant silencieusement afin que l'essentiel continue à être le moteur de l'existence.

Enfin, outre le fait d'être un charme et un geste, Notre-Dame est un partage. Quand on œuvre ensemble à la construction ou à la restauration d'un édifice, il y a toujours un moment où l'on éprouve le bonheur intense de travailler dans un collectif qui travaille. On se sent alors vivre dans la vie en train de se vivre et de se faire. Par le passé, ce bonheur a existé avec les bâtisseurs de cathédrales. Lors de sa restauration, Notre-Dame a fait travailler ensemble des maçons, des charpentiers, des couvreurs, des forgerons, des tailleurs de pierre, des taillandiers fabriquant des outils pour les charpentiers et les tailleurs de pierre, des sculpteurs sur pierre, des sculpteurs sur bois, des maîtres verriers, des serruriers, des tapissiers, des dinandiers sculptant le cuivre, des restaurateurs de peintures, des doreurs et des facteurs d'orgues. La création d'une chorale faisant chanter ensemble les représentants de tous les métiers qui avaient œuvré dans la cathédrale est venue concrétiser la communauté spirituelle et morale qui s'était invisiblement tissée. Emmanuel Macron avait eu l'idée de créer un musée de l'Histoire de Notre-Dame. Avec d'autres, un homme, Philippe Giraud, sculpteur sur pierre, a eu celle de créer un musée de la Restauration ainsi que des ateliers permanents du geste artisanal dans une partie de l'Hôtel-Dieu jouxtant la cathédrale. Cet hôpital avait été créé pour soigner les hommes. Désormais partiellement libre, il était disponible pour que la mémoire des gestes y soit recueillie et soignée. Le souffle de l'Esprit a l'art de partir des décombres pour en faire des palais. La restauration de Notre-Dame peut devenir un palais de la mémoire. Les artisans de la restauration de Notre-Dame ne sont pas les seuls à en avoir eu l'intuition.

Peindre

Elle est peintre. Elle s'appelle Laurence Bost. En observant le chantier de Notre-Dame avec tous ses artisans pleins d'humanité et tous ses savoirs pleins de sagesse, elle a été saisie. Elle ne s'est pas dit qu'il fallait faire quelque chose. Elle a été mise en présence d'une évidence. Il était manifeste que tout ce qui était en train de se faire était un tableau et qu'il fallait le montrer. Le tableau du chantier n'était pas à faire. Le chantier était le tableau. Quand une réalité est vivante, elle est toujours une création. Quand il y a création, il y a toujours une grande idée. Forme permettant à la matière de prendre vie et à l'esprit de capter cette vie, l'idée est ce qui lie l'invisible au visible et le visible à l'invisible. Le peintre a l'art d'en dévoiler les sources en découvrant ce qui lui permet d'apparaître. Il s'agit de l'idée de l'idée qu'on ne trouve que dans la réalité. C'est elle qui l'impose sous la forme d'une urgence impérieuse. Certaines images ne sont pas des images, mais des pensées. Lorsque ce miracle se produit, il est si précieux que le peintre se hâte de l'exprimer sur sa toile. En agissant ainsi, il a l'art de savoir saisir le moment où certaines images pensent. Lorsque Laurence Bost regarde Notre-Dame et sa restauration, c'est ce qui se passe. Derrière le chantier, les hommes et des femmes au travail, elle sait voir une grande pensée sous la forme d'une attention conduisant à une extrême précision. Cette pensée brûlant comme un feu invisible est palpable dans le geste qui coupe, qui taille, qui rabote, qui visse, qui décape, qui coud, qui martèle, qui soude, qui sculpte et qui peint, le geste étant, comme la pensée, ce qui rentre charnellement dans les profondeurs de la matière avant de faire jaillir de la forme là où il n'y a que de l'informe. Chez l'artisan, ce passage se lit sur son visage. Quand il est un charpentier, à un moment, devenant la charpente même, il n'y a plus lui et la charpente. Il n'y a plus que l'Un, qui est l'idée même s'incarnant à travers eux. Laurence Bost sait voir cet Un. Elle sait voir l'intense concentration qui le fait apparaître. Chez tous les artisans du chantier elle est saisissante. Laurence Bost sait la voir parce qu'elle sait non seulement comprendre mais capter le geste juste. Il est possible de faire vivre le moment crucial de son apparition. Il suffit d'être patient et rapide. On l'est en sachant saisir l'occasion. Les Grecs l'appelaient *kairos*. Sur les toiles de Laurence Bost, le *kairos* est constamment à l'œuvre. On le voit, on le sent à travers le fait que Laurence Bost ne peint pas. Elle brosse. La vie envoie des messages. Il faut savoir les saisir. On les saisit en les enlevant. Qui aime enlève ce qu'il aime. Et comme il l'enlève, l'amour est enlevé. Lorsque Laurence Bost peint, elle enlève. Tel le chasseur aux aguets, elle observe. Elle attend. Elle épie, avant de fondre sur l'image clef comme le faucon sur sa proie.

La restauration de Notre-Dame aurait pu n'être qu'une restauration. Les artisans auraient pu se contenter de refaire. Cette restauration est une création et les artisans qui y travaillent sont dans le faire et non dans un refaire. On peut réparer, mais si on ne crée pas, on n'a pas réparé. On répare quand on crée. La restauration de Notre-Dame l'a compris. C'est la raison pour laquelle elle a fait de Notre-Dame une cathédrale du geste. Laurence Bost l'a magistralement compris. C'est la raison pour laquelle, de cette cathédrale du geste, elle a fait une cathédrale du regard. Il faut apprendre à voir. On apprend à voir quand on vit tout de l'intérieur. C'est le message qui est lancé et qui nous est donné à comprendre. Notre-Dame a connu une première création en étant une cathédrale religieuse. Elle en a connu une deuxième en étant une cathédrale romantique. Aujourd'hui, en se donnant à voir comme une cathédrale intérieure, elle ouvre la page de sa troisième création.

40. Un cœur bat dans la pierre : l'orgue.
Le souffle de l'orgue emportera le cauchemar de 2019.
Partition de Notre-Dame : le glas de 2015, les sirènes de 2019, les grandes orgues de 2024.

GLOSSAIRE DES MÉTIERS

ARGENTEUR, DOREUR SUR MÉTAL

Il utilise différentes techniques : dorure ou argenture à la feuille, au mercure, par électrolyse. Ces techniques sont employées en fonction de la nature du métal à recouvrir, de la surface à traiter et de l'utilisation finale de la pièce.

CAMPANISTE

Le campaniste est un professionnel de la conception, de la réalisation, de l'installation, de la restauration et de l'entretien des cloches et horlogeries d'édifices. Il maîtrise différentes techniques : charpenterie pour l'installation des structures bois, horlogerie pour les mécanismes ou encore électronique pour les systèmes de commande automatique programmée.

CHARPENTIER

Le charpentier conçoit et réalise la charpente d'un édifice comme il peut la restaurer ou renforcer les structures fragilisées. Il choisit ses bois – chêne, châtaignier ou sapin –, dont il peut exploiter les courbures naturelles. Il traduit les plans de l'architecte en assemblages. Il découpe ensuite les matériaux pour façonner les pièces principales : fermes, poutres, pannes, chevrons, tenons et mortaises. Puis, il les assemble et les lève sur le chantier.

CORDISTE

Le cordiste est le spécialiste des travaux en hauteur et des accès difficiles. Harnaché et suspendu au bout d'une corde, il intervient là où grue, nacelle ou échafaudage ne suffisent plus. Le cordiste est d'abord un professionnel d'un certain domaine, qui se forme ensuite à travailler en suspension, selon des techniques héritées de l'alpinisme.

COUVREUR

Spécialiste de la construction et de la réparation des toits, le couvreur vérifie l'état de la charpente et la prépare avant de poser le matériau de couverture (tuiles, ardoises, verre, zinc, tôle, aluminium, cuivre, chaume, bois). Il rend ainsi tout bâtiment étanche à l'eau et à l'air. Il pose également les ornements de toiture et les systèmes d'évacuation des eaux pluviales.

DINANDIER

Le dinandier réalise des pièces uniques en cuivre, en laiton, en étain ou en argent par martelage d'une feuille de métal. Il utilise pour cela des dizaines de marteaux différents. Le métier de dinandier oscille entre la chaudronnerie traditionnelle, le travail du métal et la sculpture.

DOREUR

Sur un bois nettoyé et encollé, le doreur applique le gros blanc, amalgame poncé une fois sec. Il dépose alors l'assiette à dorer qui va recevoir la feuille d'or. La colle à mater liera toutes les couches. Le brunissage effectué à l'agate permet de révéler tout le brillant de l'or.

ÉBÉNISTE

L'ébéniste conçoit et réalise des meubles d'agencement, des meubles de style ou de création, à l'unité ou en petite série. Traditionnellement attaché au travail du bois, notamment d'essences rares et précieuses, le métier s'ouvre à l'utilisation de tous types de matériaux : Corian, textile, métal, verre…

ÉCHAFAUDEUR

Il a pour mission de concevoir, monter, démonter et sécuriser les structures métalliques qui permettent l'accès à toutes les parties à construire, nettoyer ou restaurer. Ingénieurs, monteurs et chefs d'équipe travaillent côte à côte, de la conception à la mise en œuvre d'un échafaudage.

FACTEUR, RESTAURATEUR D'ORGUES

Il est spécialisé dans la fabrication, l'entretien et la restauration des orgues ainsi que des pièces utilisées pour leur construction. À la jonction de plusieurs disciplines, le facteur d'orgues doit maîtriser la menuiserie, la mécanique, le travail du métal, des peaux, des matières plastiques, mais aussi l'électronique et l'informatique. Il doit également disposer de connaissances musicales et acoustiques importantes.

FERRONNIER-FORGERON

Il met en forme le fer à chaud par forgeage, c'est-à-dire en battant le métal au marteau sur une enclume. Il réalise des ouvrages de grande taille comme des grilles, des garde-corps, des rampes d'escalier… mais aussi de petits objets décoratifs ou du mobilier. L'ouvrage terminé peut être poli, peint, patiné ou laissé brut.

GRUTIER

Du haut de sa cabine, le grutier répartit les charges et les matériaux sur la zone de travaux. Technicien qualifié, il manœuvre précisément, parfois au centimètre près, les engins de levage. Seul aux commandes, il doit être organisé et garantir les conditions de sécurité avant d'agir. Le grutier est en contact permanent avec son équipe au sol. Il n'a parfois pas de visibilité sur les endroits où il doit accéder. Son équipe le guide alors par radio.

LUSTRIER

Artisan spécialisé dans la fabrication, l'entretien et la restauration de lustres et autres types de luminaires.

MAÇON

Le maçon du patrimoine bâti maîtrise les techniques traditionnelles de revêtement extérieur et intérieur – mortier de chaux, pisé, bauge, torchis, enduits décoratifs ou maçonneries de pierre – mises en œuvre dans les secteurs sauvegardés ou la restauration. Il redonne aux murs, arcs ou linteaux leur aspect d'origine.

MAÎTRE VERRIER (VITRAILLISTE)

Le maître verrier est l'héritier de techniques pluricentenaires, transmises au fil des siècles, d'atelier en atelier. Il peint, restaure et assemble au plomb des verres plats, colorés ou non, et parfois enrichis de motifs peints appelés grisailles. Il peut également réaliser des dalles de verre ou utiliser des méthodes de fusing associant différents verres de couleur.

RENTRAYEUR

Il répare les déchirures dans les étoffes. Pour cela, il joint bord à bord deux morceaux par une couture invisible. Il peut également refaire la trame ou la chaîne d'une tapisserie endommagée.

RESTAURATEUR DE PEINTURES MURALES ET TABLEAUX

Il travaille à la restauration de peintures de chevalet (œuvres sur bois, toile et autres supports) et peintures murales (fresques ou décors sur enduit) de toutes époques. Le restaurateur du support consolide d'abord le matériau sur lequel reposent les pigments. Le restaurateur en couche picturale débarrasse ensuite les surfaces peintes des dépôts laissés par le temps, avant de restaurer les motifs et les couleurs.

RESTAURATEUR DE SCULPTURES

Le restaurateur de sculptures rend leur éclat aux œuvres sculptées. Fragilisées par l'usure du temps, par de mauvaises conditions de conservation ou des accidents, les sculptures nécessitent des interventions de restauration allant du dépoussiérage au remodelage de parties entières. Il travaille tout objet en volume, de toutes époques, de toutes dimensions et de tous types de matériaux : bois, métal, pierre, plâtre, cire, matériaux composites ou matériaux contemporains, et revêtements de surface tels que polychromie, dorure, patine, etc.

SCULPTEUR SUR PIERRE

Il réalise des ornements et des motifs décoratifs en bas-relief ou des sculptures en ronde-bosse ou en haut-relief. La pierre est choisie en fonction de ses caractéristiques physiques : densité, volume, surface, dureté et fiabilité.
Dans le domaine public, un sculpteur sur pierre réalise des sculptures monumentales, des fontaines et d'autres éléments du mobilier urbain ou de la décoration architecturale.

TAILLANDIER

Le taillandier est un forgeron qui fabrique des outils aratoires et taillants grâce à une grande maîtrise du feu. Ce métier de tradition comprend différentes spécialités : les taillandiers en œuvres blanches fabriquent les outils coupants, tandis que les taillandiers grossiers axent leur fabrication sur le matériel de cuisine et le gros outillage.

TAILLEUR DE PIERRE

Le tailleur de pierre est chargé de la découpe, du façonnage et de la pose des éléments de pierre dans les domaines de l'architecture et de la décoration. Il doit tirer le meilleur parti d'un bloc venant de la carrière pour réaliser des éléments tels que des arcades, des voûtes, des façades, des socles, des éléments d'escalier ou du mobilier.

Pour toute information complémentaire sur les métiers d'art, voir le site de l'Institut pour les savoir-faire français : www.institut-savoirfaire.fr.

TABLE DES ILLUSTRATIONS

29. ***DINANDIER***, HUILE SUR TOILE, 60 × 60 CM.

30. ***COUVREUR***, HUILE SUR TOILE, 92 × 65 CM.

31. ***MAÇONS***, HUILE SUR TOILE, 80 × 40 CM.

32. ***CLEF DE VOÛTE***, HUILE SUR TOILE, 73 × 60 CM.

33. ***TAILLEUR DE PIERRE***,
HUILE SUR TOILE, 65 × 92 CM.

34. ***SCULPTEUR SUR PIERRE AVEC LA RÈGLE DE PRÉCISION***, HUILE SUR TOILE, 60 × 92 CM.

35. ***SCULPTURE D'UNE FRISE***,
HUILE SUR TOILE, 92 × 65 CM.

36. ***RESTAURATION D'UNE ROSACE***,
HUILE SUR TOILE, 92 × 60 CM.

37. ***RESTAURATRICE DE SCULPTURE***,
HUILE SUR TOILE, 100 × 50 CM.

38. ***MOULAGE D'UNE GARGOUILLE PAR UNE SCULPTRICE SUR PIERRE***,
HUILE SUR TOILE, 100 × 59 CM.

39. ***SCULPTURE DU PÉLICAN***,
HUILE SUR TOILE, 100 × 50 CM.

40. ***FACTEUR D'ORGUES***,
HUILE SUR TOILE, 40 × 80 CM.

41. ***LE GÉNÉRAL GEORGELIN***,
HUILE SUR TOILE, 100 × 100 CM.

41. La cathédrale pour *vaisseau* (selon Péguy). Un général pour capitaine.

REMERCIEMENTS

J'aimerais exprimer ma gratitude :

À ma merveilleuse amie Fanny Soulet, mon Jiminy Cricket, sans qui *Les Gardiens du geste* n'aurait pas vu le jour.

Au parrain et à la marraine de l'exposition, « Les Gardiens du geste. La restauration de Notre-Dame vue par Laurence Bost » : Franz-Olivier Giesbert et Marie-Hélène Roncoroni.

À ma famille : mes enfants Sixtine, Martin et Joséphine, mon gendre Grégoire Nicolas et mon petit-fils, Joseph.

À mes parents : Pierre-Étienne et Caroline Bost, pour le sens de l'harmonie de ma mère et l'œil toujours juste et aguerri de mon père.

À mon frère, ma belle-sœur et leurs enfants : Charles-Étienne et Émilie Bost, Augustin, Constance, Juliette et ma délicieuse filleule, Maylis.

À ma sœur Emmanuelle, qui me protège du Ciel.

À Jean-Luc Couillaud et Nennecy Perrigueur, mes amis, marchand et assistante, qui en m'ouvrant les portes de la Galerie 26 ont permis à ma peinture d'exister.

À Adélaïde de Clermont-Tonnerre, Sylvain Tesson, Franz-Olivier Giesbert et Bertrand Vergely qui m'ont fait l'honneur de participer à ce livre.

À Amélie Airiau, Nathalie Bailleux, Nathalie Chauvin, Clotilde Chevalier, Ludovic Escande, Béatrice Foti, Cécile Lebreton, Francesca Mantovani et Véronique Masini, aux Éditions Gallimard.

Aux peintres qui m'ont donné les clefs de la peinture, Christoff Debusschere et André Jude.

À mes sœurs de cœur, Françoise Etchegaray, Laure Buisson, Stéphanie Tesson, Anne Fustier, Blandine Tulli et Fiona Salanic.

Au Dr Maufroy qui m'a permis de traverser le désert…

Au charpentier Rémy Desmonts et au tailleur de pierre Philippe Giraud, dont le soutien infaillible et les encouragements m'ont énormément aidée pour mener à bien ce projet un peu fou.

Aux généreux donateurs :
- Jean-Sébastien Decaux – fonds de dotation Terre & Fils
- Groupe industriel Marcel Dassault
- Fonds du Bien Commun
- Groupe AG2R La Mondiale
- Iéna Capital – M. Alexandre Mironesco
- Fondation Simone et Cino Del Duca abritée à l'Institut de France
- L'Éclat de Verre
- JC Decaux
- Champagne Vranken Demoiselle
- Société Pierre Étoile
- Société MDH (Maîtrise et Développement de l'Habitat)
- Société Paris-Ouest Promotion
- M. Édouard Tétreau – société EAJMM
- Yotta Capital

- Thomas Margenet-Baudry
- Marie-Zoé Beaugrand
- Claudine Bost
- Philippe Removille
- Louis de Montalembert
- Françoise Etchegaray
- Daphné Anglès

Au général Lecointre qui nous fait l'honneur de nous ouvrir les portes du musée de la Légion d'honneur, ainsi qu'à Tom Dutheil, Jérôme Marie Pinet et Alice Bouteille.

Aux personnes de l'Établissement public chargé de la conservation et de la restauration de Notre-Dame de Paris qui ont accompagné le projet : Maryline Guiry,
Marie Yanovitz Durand, Frédérique Meyer.
Aux photographes, Romaric Toussaint et David Bordes, qui m'ont prêté leur regard.

Et évidemment à tous les artisans incroyables d'hier et d'aujourd'hui qui ont œuvré sur le chantier de la cathédrale Notre-Dame…

L'atelier de Laurence Bost ainsi que ses toiles peintes en 2024 et reproduites dans cet ouvrage ont été photographiés par Francesca Mantovani.

—

Éditions Gallimard

Nathalie Bailleux, directrice éditoriale
Nathalie Chauvin, éditrice
Clémentine Bougrat, préparation et correction des textes

Anne Lagarrigue, directrice artistique
Pascal Guédin, coordinateur beaux livres
Clotilde Chevalier, conception graphique et mise en pages

Amélie Airiau, cheffe de fabrication
Cécile Lebreton, fabricante

Franck Fertille, directeur des partenariats
Madeleine Giai-Levra, cheffe de projet

Béatrice Foti, attachée de presse
assistée de Laetitia Copin

Mathilde Barrois, responsable des coéditions
assistée de Coline Briand

—

Photogravure
Apex Graphic

—

—

www.gallimard.fr

ISBN : 978-2-07-308165-0

Cet ouvrage composé en Garamond et Daxline, est achevé d'imprimer en octobre 2024 sur les presses de Pollina, à Chasnais sur Magno Volume (intérieur) et Wibalin Buckram blanc (couverture).
Le papier de cet ouvrage est composé de fibres naturelles, renouvelables, recyclables et fabriquées à partir de bois provenant de forêts gérées durablement.

Imprimé en France | Dépôt légal : novembre 2024 | Numéro d'édition : 640 111